AF585899

# REGLEMENT

## SVR LE DEVOIR ET OFFICE

DES CHIRVRGIENS ET APOTHIQVAIRES, FAIT & dressé par Nosseigneurs du Parlement de Dauphiné, selon les Patentes & Commission du Roy, signées Henry, & plus bas, Par le Roy Dauphin, en son Conseil, Potier, deuëment scellées à simple queuë de cire rouge, l'année mil six cens sept le dernier iour de May.

A PARIS,
Chez THEODORE PEPINGVE, ruë de la Harpe, vis à vis la ruë des Mathurins.

M. DC. XXXXII.

# *STATVTS ET REGLEMENS, sur le deuoir des Chirurgiens & Apothiquaires du Dauphiné, enregiſtrez au Greffe Ciuil de la Cour de Parlement dudit pays.*

## ARTICLE I.

AVCVN ne pourra à l'aduenir exercer en ceſte Prouince la Medecine, Pharmacie & Chirurgie, qui ne ſoit deüement approuué par les Medecins, Chirurgiens & Apothiquaires des lieux où ils voudront exercer leur Art.

## II.

Les Medecins, Chirurgiens & Apothiquaires, qui cy apres demanderont eſtre admis à exercer leur Art és Villes de ceſte Prouince, ſeront tenus durant le temps qu'ils ſeront les derniers receus, exercer leurs profeſſions gratuitement aux Hoſpitaux deſdites Villes, ſans pouuoir demander taxe de leurs vacations, à la charge toutesfois, qu'ils pourront demander taxe des fournitures qu'ils aduanceront aux pauures malades, contre les Scindiqs deſdits Hoſpitaux, ou autrement, ainſi qu'ils verront à faire, à la charge auſſi, que les Anciens ſeront tenus de les aſſiſter d'aduis & conſeil, quand requis en ſeront.

## III.

Nul ne pourra leuer ny dreſſer boutique d'Apothiquaire ou Chirurgien, ſans au prealable auoir atteſtation bonne & ſuffiſante de ſon apprentiſſage, & de trois années au ſeruice de quelque bon Maiſtre, & ſans ſubir l'examen de leur doctrine

& experience, en la presence du sieur de Fougerolles & autres Medecins, Apothiquaires & Chirurgiens de la Ville où se fera l'examen, si ledit sieur de Fougerolles est sur les lieux, & en son absence par les Medecins, Apothiquaires & Chirurgiens à ce faire par le mesme delegué.

IIII.

Tous Apothiquaires & Chirurgiens se tiendront aux limites de leur deuoir, sans rien entreprendre les vns sur les autres, ne encore moins sur l'office de Medecin, & seront tenus iceux Apothiquaires de continuer a s'occuper à la cognoissance des simples, compositions des medicaments, & les Chirurgiens aux dissections & operations manuelles, comme aux vrayes parties de leur Art.

V.

Iceux Apothiquaires & Chirurgiens seront tenus d'appeller les Medecins pour visiter les malades, & pour consulter & ordonner sur ce qui sera necessaire, tant sur le regime de viure, que sur les remedes: Et neantmoins, où les mesmes Apothiquaires & Chirurgiens se trouueroient en lieu sans Medecin, ou que le malade fut pressé de quelque violent Symptome, leurs sera permis aux susdicts Apothiquaires & Chirurgiens d'apporter pour le soulagement du malade ce qui sera de leur Art, & en attendant le Medecin, donner quelque chose legere, pour soustenir & soulager le malade.

VI.

En l'examen d'iceux Apothiquaires & Chirurgiens, les Docteurs Medecins & autres qui assisteront audict examen, prendront garde que les susdicts Apothiquaires & Chirurgiens sçachent lire & entendre les Ordonnances, termes & abbreuiations, & nottes des Medecins. Sera enjoint aux Apothiquaires, lors qu'ils seront receus, de tenir en leur boutique bonne & suffisante quantité de medicaments simples & composez, & de ne garder ou employer iceux en quelque façon que ce soit, s'ils les cognoissent corrompus ou de mauuaise qualité: Sera pareillement enjoint aux Chirurgiens de tenir riere eux les instruments & medicaments qui seront necessaires à l'exercice de leur Art.

VII.

De mesme, ne sera loisible aux Apothiquaires, d'employer à la composition des medicaments les substituts des simples au lieu des vrays & legitimes, sans l'auoir communiqué à quelque Medecin : Ne sera loisible aussi aux Apothiquaires, ny Chirurgiens de faire commutation, qu'ils appellent, *qui pro quo*, des choses ordonnées par les Medecins, sans auoir consulté auec eux.

VIII.

Les Arrests & Reglements cy-deuant faits, seront obseruez, par lesquels est inhibé aux Apothiquaires & Chirurgiens de faire ordonnance, comme & à la forme des Medecins ordinaires, & ce soubs les peines y contenuës, qui sont d'amende pecuniaire pour la premiere fois, & de punition corporelle pour la seconde fois.

IX.

Nul ne pourra exercer l'Art de Medecine, Chirurgie & Pharmacie, sans faire preuue de sa suffisance & experience, pardeuant ledit sieur de Fougerolles, & des plus anciens des lieux, ou en l'absence dudit de Fougerolles, pardeuant deux des plus anciens, & autres par luy deleguez, pour euiter les dangers qui arriuent iournellement par l'ignorance de plusieurs charlatans, nommez Circulatoires par le droit, à peine de punition pecuniaire & exemplaire, & où par le faict desdits charlatans, arriueroit inconuenient aux malades qui s'adressent à eux : Il sera informé de leurs deportemens, & où il apparoistra de leur coulpe & ignorance, seront punis de mesme peine que les homicides.

X.

Les Apothiquaires & Chirurgiens seront responsables des fautes que commettent leurs seruiteurs, tant en la composition des medicaments. qu'en leurs operations Chirurgicales.

XI.

Iceux Chirurgiens & Apothiquaires seront tenus de prester serment en leur reception de bien & fidelement exercer leurs charges, & de declarer les fautes & maluersations audit sieur de Fougerolles, qu'ils sçauront se commettre par ceux de leur profession, & en absence dudit de Fougerolles, aux Medecins anciens des lieux & autres par le mesme deleguez.

XII.

Suiuant les lettres Patentes de sa Majesté & a la forme d'icelles, le sieur de Fougerolles son Conseiller & Medecin ordinaire, visitera de six en six mois les boutiques desdits Apothiquaires & Chirurgiens appellez auec soy, les Medecins, Apothiquaires & Chirurgiens qu'il aduisera pour voir les drogues & compositions qu'ils ont en leurs boites, fioles & pots, & tiennent en leur boutique & autre part de leurs maisons, auec pouuoir de reietter les drogues & compositions qu'il iugera n'estre receuables, de l'aduis toutefois de ceux qu'il appellera. Et où il cognoistra abus & maluersation manifeste, pourra mulcter les Apothiquaires & Chirurgiens de peines pecuniaires, sur lesquelles il sera payé de ses vacations: Et où les amendes ne suffiroient pour payement de ses vacations, les Chastelains & Consuls des lieux, où sont situées les boutiques dessusdits Apothiquaires & Chirurgiens pouruoiront à son degreuement le plus moderément que faire se pourra: Et au cas qu'il n'y eut Medecin au lieu ou il sera la visite, pourra appeller les Chastelains & Consuls du mesme lieu.

XIII.

Pource que quelques simples consistent specialement en racines, fleurs & semences qui demandent estre renouuellées tous les ans pour le moins vne fois iceux simples seront renouuellez, & conseruez de telle sorte qu'ils ne se puissent corrompre de poudre, vermine & autres incommoditez, & les vases, pots & boites des medecines auec les autres vstencilles, seront tenus bien nets dedans & dehors, & conseruez couuerts & posez és lieux conuenables pour la conseruation de ce qui y sera enclos, on ne tiendra point aussi les drogues & compositions dans les vaisseaux contraires à leurs proprietez.

XIIII.

Iceux Apothiquaires ne feront aucune composition qui se

gardent aux boutiques, que premierement ils ne l'ayent faict sçauoir audit sieur de Fougerolles, où au Medecin qui sera resident au lieu où habitent lesdits Apothiquaires, pour approuuer la bonté ou qualité des simples ingrediens à icelles compositions, lesquelles estant faictes, seront logées en vases bien nets, & dattées au dos desdits vases de l'an & iour qu'elles seront composées & approuuées.

XV.

Les Apothiquaires ou Chirurgiens, ne pourront achepter aucunes compositions seruans à la Chirurgie & Pharmacie, soit dans ceste Prouince ou dehors, sans rapporter attestation en bonne forme de ceux qui les leur auront venduës, pour auoir leur recours contre ceux qui leur auroit vendu lesdites compositions, en cas de fraude, abus & maluersation.

XVI.

De plus, lesdits Apothiquaires seront tenus d'escrire en grosse lettre le nom des medecines, drogues & compositions au dessus des vases, pots, boites & fioles, où elles seront distinctement mises, pour euiter de ne prendre l'vne pour l'autre, & de ne tomber en doubte ou erreur.

XVII.

Les Opiates ne seront employées ny venduës, qu'elles ne soient bien fermentées, c'est à dire, gardées le temps requis, les Electuaires seront de bonne consistance, les poudres bien triturées, les Syrops de bonne cuite, les emplastres bien formez, & en somme chacune sorte de medicament bien preparée selon l'Art, & sans obmission des vrais & legitimes ingrediens, & ne les debiteront sans l'ordonnance du Medecin doctoré, licentié, ou approuué sur peine d'amende arbitraire.

XVIII.

Les drogueries & medecines seront debitées par les Apothiquaires, ou leurs seruiteurs, fidellement, en bon nombre, pois & mesure portées par l'ordonnance du Medecin Docteur, licentié ou approuué.

XIX.

Les grains des pois seront reglez au grain mediocre du

froment, vingt-quatre desquels sont le scrupule, les trois scrupules la drachme,& huict drachmes l'once, & douze onces la liure medecinale, les balances & mesures desdits Apothiquaires seront iustes à peine de faux & amende arbitraire.

XX.

Aucune matiere solutiue ou veneneuse, ne sera exposée ny vendue à aucune personne par lesdits Apothiquaires ou Chirurgiens, ny autres de quelque qualité qu'ils soient sans ordonnance soubscripte du Medecin Docteur, licentié ou approuué.

XXI.

Ne pourront iceux Apothiquaires tenir en leurs boutiques drogues, compositions, espices, cire, ne choses falsifiées, contrefaites, ou sophistiquées, ains seront recognuës & visitées par ledit sieur de Fougerolles à la forme que dessus, & ce à peine de confiscation d'icelles, & d'amende arbitraire.

XXII.

La cire que les Apothiquaires vendront pure, ou mise en œuure, comme en cierges, torches & bougies, ou autre façon sera sans abus, ou pour le moins meslée auec bonne matiere au dire d'expers, ou selon le rapport qu'ils en feront deuant le sieur de Fougerolles.

XXIII.

Ne sera loisible aux Apothiquaires de tenir en leurs boutiques aucunes marchandises, qui puissent par leurs mauuaises qualitez gaster & corrompre les compositions medecinales qu'ils ont en leurs boutiques.

XXIIII.

Ne sera loisible aux charlatans & autres estrangers vendre aux foires, marchez & places publiques, ny ailleurs, aucunes espices fauces & corrompuës, ny autres compositions abusiues & falsifiées.

XXV.

Comme semblablement, ne sera permis à aucuns charlatans estrangers, & gens sans adueu, de vendre en particulier ou publiquement, aucunes medecines simples, ou composées

qu'elles

qu'elles n'ayent esté visitées par ledit sieur de Fougerolles, appellez les Medecins qu'il aduisera s'il est sur le lieu, & en son absence par deux autres des Medecins, & qu'ils ne rapportent d'eux attestation & pouuoir de vendre, & debiter lesdites medecines, simples, ou composées.

XXVI.

Pour l'execution de ces Articles, ledit sieur de Fougerolles Conseiller & Medecin ordinaire de sa Majesté, procedera le plus diligemment qu'il pourra à la forme de sa commission, & vaquera aux moindres frais & despens qu'il pourra pour le soulagement du peuple.

XXVII.

Et d'autant que plusieurs Apothiquaires & Chirurgiens demandent les vns pour les drogues, les autres pour leurs operations si grandes & excessiues sommes d'argent que les malades chargez d'affaires ou necessiteux, aiment presque mieux mourir, que de se mettre entre leurs mains, ce qui se voit tous les iours faire parmy eux: Est ordonné, que où les parties ne seront d'accord, que le sieur de Fougerolles auec vn Chirurgien ou Apothiquaire tel qu'il voudra, pourra taxer les parcelles, estimer les drogues & medicaments, tant équitablement qu'il pourra.

XXVIII.

Est aussi ordonné, que les presens Articles seront imprimez en perpetuelle memoire & obseruation d'iceux, & que chaque boutique en aura vn exemplaire.

---

*FAICT ET ARRESTE' A GRENOBLE le 23. de Mars 1608. par les Seigneurs soubsignez. Prunier sieur de sainct André, de Virieu, G. Beatris Robert, P. de Cornu, Boffin & de Fougerolles.*

LEs susdits Articles & Reglements sur le deuoir des Apothiquaires & Chirurgiens, ont esté enregistrez au Greffe Ciuil de la Cour de Parlement de Dauphiné, par moy

Notaire & Secretaire du Roy en icelle, Soubsſigné.

BAVDET.

## *NOMINATION DV SIEVR DAVID Laigneau Docteur Medecin, par l'Aduocat du ſieur de Fougerolles & en ſa preſence en iugement, le 15. de Septembre 1609.*

D'Autant que par la Commiſſion qu'il a pleu au Roy adreſſer à Mᶜ François de Fougerolles Conſeiller & Medecin ordinaire de ſa Majeſté, il luy attribue pouuoir de nommer tel Medecin qu'il iugera capable, pour proceder au faict de ladite Commiſſion ſeparément, ou conioinctement, ainſi qu'il aduiſera pour le mieux : Ledit ſieur de Fougerolles en vertu dudit pouuoir, à faict nomination cy-deuant de la perſonne de Mᶜ Dauid Laigneau Docteur en Medecine, reſident en ceſte Ville, qui a rendu des preuues de l'experience de la ſuffiſance & ſçauoir qui reſident en luy, & qui particulierement à grande cognoiſſance de ce qui concerne la reformation de ladite Commiſſion, dont eſt queſtion: Dont ledit de Fougerolles cy preſent, ſuffiſamment acertainé, a voulu encores faire ladite nomination preſentement en iugement, à ce que ledit Laigneau puiſſe iouïr de l'effet de ladite Commiſſion, vaquer en icelle conioinctement, ou ſeparément, ainſi qu'il aduiſera, conformément au contenu deſdites lettres patentes, de laquelle Nomination il requiert acte pour luy ſeruir & valoir en temps & lieu, ainſi qu'il appartiendra par raiſon, qui luy a eſté octroyé. Faict en Parlement le 15. de Septembre 1609.

AIMON.

*Extraict des Regiſtres de la Cour de Parlement de Dauphiné, Collationné par moy Secretaire du Roy en icelle.*

Soubsſigné, BAVDET.

## *LETTRES PATENTES DV ROY adreßées à Me Dauid Laigneau, Conseiller & Medecin ordinaire de sa Majesté: Par lesquelles est donné pouuoir audit Laigneau, de choisir tel Medecin qu'il iugera capable pour continuer sa Commißion touchant la visite & iurande des Chirurgiens & Apothiquaires du Dauphiné.*

LOVIS par la grace de Dieu Roy de France & de Nauarre, Dauphin de Viennois, Comte de Valentinois & Dioys: A nostre amé & feal Conseiller & Medecin ordinaire Me Dauid Laigneau, salut. Le feu Roy nostre tres-honoré Seigneur & Pere, que Dieu absolue, ayant par ses lettres du dernier May 1607. dont copie est cy attachée, soubs nostre Contreseel, commis & deputé Me François de Fougerolles aussi l'vn de ses Medecins ordinaires, pour auec tel autre Medecin qu'il nommeroit vaquer conioinctement, ou separément à l'execution des Ordonnances & Reglements faits par nostre Cour de Parlement de Grenoble sur le fait de la Medecine, Chirurgie & Pharmacie, en nostre Prouince de Dauphiné, suiuant lesquelles lettres registrées en nostredite Cour ledit de Fougerolles, vous ayant nommé comme digne & capable de cet employ, vous y auriez auec luy dignement vaqué plusieurs années au grand soulagement de nos subjets dudit pays: Mais, parce que vous pourriez faire difficulté de continuer l'execution desdites lettres, & faire obseruer en ladite Prouince lesdits Reglements & Ordonnances, tant à cause du decés dudit de Fougerolles, que parce que lesdites lettres sont surannées, & ne vous sont particulierement adressées à son deffaut, dont resulteroit de grands abus & desordres dommageables à la santé de nosdits subjets. A CES CAVSES, & pour les bonnes & loüables qualitez qui resident en vous: Nous vous auons commis & deputé, commettons par ces presentes, signées de nostre main, pour au lieu & place

dudit de Fougerolles, vaquer diligemment à la continuation & entiere execution par luy, & vous encommencée desdites Ordonnances & Reglements, concernant l'exercice de la Chirurgie & Pharmacie en nostredite Prouince de Dauphiné, auec pouuoir de nommer auec vous, tel autre Medecin que vous cognoistrez capable pour vous assister & aider conioinctement, ou separément à l'obseruation d'icelles: Car tel est nostre plaisir. DONNE' à sainct Germain en Laye, le 25. iour du mois de Nouembre, l'an de grace 1641. Et de nostre Regne le trente-deuxiesme. Signé, LOVIS.
*Et plus bas*, Par le Roy Dauphin, DELOMENIE.

## *NOMINATION DE Me IOSIAS Floriet Conseiller & Medecin du Roy, faite par Me Dauid Laigneau aussi Conseiller & Medecin ordinaire de sa Majesté.*

NOus soubsigné Conseiller & Medecin ordinaire du Roy, en ceste partie deputé & commis, & à cause des grandes occupations que nous auons en ceste ville de Paris, & pour pouruoir aux plaintes qui nous sont adressées par plusieurs Chirurgiens & Apothiquairés, & autres personnes de consideration du Dauphiné, qui desirent la continuation ja commencée par nous és Villes de Crest, Montlimar, Buis & autres lieux pour la reformation de la Medecine en ceste-dite Prouince, & pour le deub de nostre charge & confirmation d'icelle, & selon le pouuoir à nons donné par sa Majesté cy dessus exspecifié, en date du 25. Nouembre 1641. Signées LOVIS: Et plus bas, Par le Roy Dauphin, DELOMENIE, ayant l'asseurée cognoissance de la preud'hommie, grand sçauoir & experience, & particulierement en ce de Me Iosias Floriet Conseiller & Medecin ordinaire du Roy; l'auons nommé & nommons pour & en nostre nom se transporter par toutes les Villes & villages de la Prouince du Dauphiné où il y a Chirurgiens ou Apothiquaires, pour y continuer l'examen, iurande desdits Chirurgiens & Apothiquaires, & visiter leurs boutiques, & voir si elles sont fournies de ferremens, des drogues & medicaments composez, desquels les Docteurs Medecins y pratiquans se seruent & ordonnent pour le soulagement des malades qui les appellent, faisant fermer boutique, & ietter à la ruë les drogues & compositions vieilles & corrompuës, qu'il trouuera en leurs boutiques, & à tous ceux qui abusent de leurs charges, qui trompent par leurs *qui pro quo* & les malades & les Medecins, & honorant les Chirurgiens & Apothiquaires bien entendus, bien fournis, & s'acquitans en gens de bien de leursdites charges & vocations, receuant leurs sermens en son nom, au lieu du nostre, se soubsignant en suite, desia soubssignez, & le tout en la presence (s'il est trouué necessaire) du Magistrat, Consuls & plus apparents du lieu, accompagné des Docteurs Medecins ordonnans ausdicts lieux, & d'autres endroits, s'ils se trouuent audit lieu au temps de l'action, & le tout ainsi qu'il aduisera pour le mieux : Et seront tous lesdits Chirurgiens & Apothiquaires tenus & obligez d'obseruer & garder exactement le Reglement faict par le Parlement & Nosseigneurs d'iceluy, en ladite Prouince du Dauphiné, luy ayant baillé & mis entre ses mains l'Extraict des Registres du susdict Parlement, en datte du 23. Mars 1608. Signé BAVDET, en quatre peaux de parchemin, l'original des serments signez par les Chirurgiens en nombre de treize receus, tant au lieu de Crest, Loriol, Buys, Mont-limar, que ailleurs: Le premier desquels est le nommé BROHARD, & le dernier nommé GRIMAVDET: Comme aussi l'original des serments signez par les Apothiquaires au nombre de vingt-deux: Le premier desquels se nomme André Rey, & le dernier Chastang, auec le lieu de la demeurance d'vn chacun, & leur ordre en leur reception, & l'Extrait deuëment collationné en parchemin des dernieres Patentes du Roy, l'original demeurant entre mes mains, pour me seruir en temps & lieu. Faict à Paris ce 5. Decembre 1641. Signé, LAIGNEAV. I. FLORIET.

*Et plus bas est escrit ce qui s'ensuit.*

Auiourd'huy sont comparus pardeuant les Notaires du

Roy nostre Sire en son Chastelet de Paris, soubsignez lesdits sieurs Laigneau & Floriet demeurans, sçauoir ledit sieur Laigneau ruë Perduë, & ledit sieur Floriet en ruë Dauphine, lesquels sont demeurez d'accord du contenu en l'acte cy deuant escrit, qu'ils ont signé de leurs seings manuels, & promettent respectiuement l'entretenir pour & chacun endroit soy; Faict & passé à Paris en la maison dudit sieur Laigneau, l'an 1641. le 18. Decembre auant midy, & ont signé,

LAIGNEAV. I. FLORIET. BECHET. SAVLNIER.

www.ingramcontent.com/pod-product-compliance
Lightning Source LLC
LaVergne TN
LVHW012023170826
845678LV00004BA/1625

* 9 7 8 2 3 2 9 6 1 9 8 6 6 *